ISBN 978-0-364-03434-7
PIBN 10748227

CIHM/ICMH Microfiche Series.

CIHM/ICMH Collection de microfiches.

Canadian Institute for Historical Microreproductions / Institut canadien de microreproductions historiques

Technical and Bibliographie Notes/Notes techniques et bibliographiques

The Institute has attempted to obtain the best original copy available for filming. Features of this copy which may be bibliographically unique, which may alter any of the images in the reproduction, or which may significantly change the usual method of filming, are checked below.

L'Institut a microfilmé le meilleur e qu'il lui a été possible de se procu de cet exemplaire qui sont peut-êtr point de vue bibliographique, qui p une image reproduite, ou qui peuve modification dans la méthode norm sont indiqués ci-dessous.

☑ Coloured covers/
Couverture de couleur

☐ Covers damaged/
Couverture endommagée

☐ Covers restored end/or laminated/
Couverture restaurée et/ou pelliculée

☐ Cover title missing/
Le titre de couverture manque

☐ Coloured maps/
Cartes géographiques en couleur

☐ Coloured ink (i.e. other than blue or black)/
Encre de couleur (i.e. autre que bleue ou noire)

☐ Coloured plates and/or illustrations/
Planches et/ou illustrations en couleur

☐ Bound with other material/
Relié avec d'autres documents

☐ Tight binding may cause shadows or distortion along interior margin/
La reliure serrée peut causer de l'ombre ou de la distortion le long de la marge intérieure

☐ Blank leaves added during restoration may appear within the text. Whenever possible, these have been omitted from filming/
Il se peut que certaines pages blanches ajoutées lors d'une restauration apparaissent dans le texto, mais, lorsque cela était possible, ces pages n'ont pas été filmées.

☐ Additional comments:/
Commentaires supplémentaires:

☐ Coloured pages/
Pages de couleur

☐ Pages damaged/
Pages endommagées

☐ Pages restored end/or laminat
Pages restaurées et/ou pellicu

☑ Pages discoloured, stained or
Pages décolorées, tachetées o

☐ Pages detached/
Pages détachées

☑ Showthrough/
Transparence

☐ Quality of print varies/
Qualité inégale de l'impression

☐ Includes supplementary mater
Comprend du matériel supplé

☐ Only edition available/
Seule édition disponible

☐ Pages wholly or partially obso slips, tissues, etc., have been ensure the best possible image Les pages totalement ou partie obscurcies par un feuillet d'err etc., ont été filmées à nouveau obtenir la meilleure image pos

LA
DEVOTION A SAINT AMÁBLE

SÛR PRESERVATIF CONTRE LE FEU

MONTRÉAL :
IMP. DE LA MINERVE, 212 & 214 RUE NOTRE-DAME
1881

LA
DÉVOTION A SAINT AMABLE

SÛR PRESERVATIF CONTRE LE FEU

MONTRÉAL :

IMP. DE LA MINERVE, 212 & 214 RUE NOTRE-DAME

1881

PERMIS D'IMPRIMER.

† EDOUARD CHS., Ev. de Montréal.

Montréal 20 Juin 1881.

NOTICE

sur

SAINT AMABLE, PRETRE

St. Amable naquit vers le commencement du Vème siècle, de parents très-nobles et très-pieux, dans la ville de Riom, en Auvergne. Ce grand saint méprisait l'avantage d'une naissance illustre, et n'estimait de véritable noblesse que celle d'avoir été fait enfant de Dieu par le saint Baptême. Tout occupés de l'éducation d'un fils qui leur était si cher et qui donnait de si riches espérances, ses parents le mirent sous la conduite du pasteur de la paroisse. La principale occupation de celui-ci fut de bien faire comprendre à cet enfant que porter le joug du Seigneur dès sa jeunesse est une grâce singulière, une grâce qui demande la plus parfaite fidélité, la plus exacte correspondance. L'aimable disciple mettait à profit toutes les leçons d'un si digne maître, vivant éloigné du monde, et s'appliquant à la pratique de toutes les vertus.

Celle qu'il étudia avec plus de soin fut l'HUMILITÉ. Comme cette excellente vertu avait été le principe de sa sainte retraite, elle en fut aussi le premier fruit. De cette tige céleste, la CRAINTE DE DIEU prit naissance dans son cœur. Sa vigilance était une suite de cette crainte ; il veillait sans cesse sur lui-même et sur toutes ses actions, de peur de donner prise au démon, qui met tout en œuvre pour nous perdre.

Étant humble d'une humilité intérieure et véritable, il était par conséquent extrêmement doux, car la douceur est la compagne inséparable du cœur humble. On ne pouvait le rabaisser, vu qu'il était dans sa propre estime au-dessous de toute idée désavantageuse ; il ne se fâchait de rien, ne s'aigrissait contre personne, et gardait la douceur envers tout le monde.

La SIMPLICITÉ, qui se trouve toujours où est l'humilité, lui faisait croire tout le bien

qu'on disait des autres, appréhender
pour lui-même jusqu'aux apparences du
mal et marcher constamment en la sainte
présence de Dieu. Or, ceci comprend
tout : marcher avec Dieu, c'est se con-
duire par son esprit en toutes choses,
c'est l'avoir toujours présent par la Foi,
et régler toutes ses actions sur sa volonté.

St. Amable, étant dès lors un sujet tout
formé pour la religion, fut appelé par son
évêque au ministère de l'Eglise, et les
habitants de Riom l'obtinrent pour Curé
de leur paroisse. Il n'entra dans cette
sublime fonction qu'avec un saint trem-
blement, et s'adonna plus que jamais à la
pratique de l'humilité. Mais plus il tâ-
chait de se dérober aux yeux des hom-
mes, plus Dieu prenait plaisir à le mani-
fester, car le bruit des miracles opérés
par son intercession le trahissait partout ;
il *éteignit plusieurs embrasements qui mena-
çaient la ville d'un incendie général.* Outre
le domaine SUR LE FEU, qui lui est spécial,
il reçut encore deux pouvoirs miraculeux :
chasser le démon du corps des possédés
et commander aux serpents.

Dieu ayant ainsi favorisé ce saint pasteur de tant de grâces, toute son applica-

tion fut de lui en témoigner sa reconnaissance. Quand il offrait le sacrifice redou-
table de la messe, la foi vive qui lui dé-
couvrait un dieu présent sur nos autels,
une terre changée en ciel, le remplissait
du plus ardens amour...... mais quand il
considérait que ces grands mystères s'o-
péraient par le ministère d'un indigne
prêtre comme lui, son cœur se brisait
de douleur et son visage paraissait tout
baigné de larmes.

Ce saint prêtre, tout pénétré d'amour
pour Notre-Seigneur Jésus-Christ, brû-
lait d'un feu semblable pour les membres
de ce Divin Maître ; il joignait l'aumône
spirituelle à la corporelle, et il s'appli-
quait d'autant plus à la première que les
misères de l'âme sont plus à plaindre que
celles du corps.

L'évangile, qu'il méditait tous les jours,
lui avait appris que *ceux-là sont heureux
qui pleurent maintenant, parce qu'ils seront
consolés.* Cette divine parole l'animait
puissamment et le faisait marcher avec
joie dans la voie étroite du salut.

L'une des principales leçons qu'il donnait à ses disciples et à son peuple était
celle-ci : " Les chrétiens ne doivent ja-

" mais laisser refroidir la charité dans
" leur cœur, mais l'y faire toujours croî-
" tre. Eu égard au penchant continuel
" de l'homme vers la créature, on doit
" nécessairement renouveler dans son
" cœur l'amour de Dieu par des actes
" fréquents, et empêcher par ce moyen
" que la créature ne nous domine et ne
" devienne le principal objet de nos ac-
" tions en la préférant actuellement au
" Créateur."

Enfin, Dieu voulant couronner une vie
si sainte et si pleine, fit passer son serviteur
Amable de cette vie mortelle et laborieu-
se à la vie glorieuse et immortelle. Il était
âgé de 78 ans. Ayant eu avis de sa mort,
il fit assembler ses disciples et les exhor-
ta à la pratique de la charité. " Tâchez,
" mes chers enfants, (leur dit-il,) de vivre
" en paix avec tout le monde, et de
" conserver la sainteté, sans laquelle
" vous ne sauriez voir Dieu. Travaillez
" à entretenir la charité, et l'unité d'un
" même esprit par le lien de la paix, car
" Dieu met les pacifiques au nombre de
" ses enfants."

Après leur avoir donné à tous le baiser
de paix et sa bénédiction, il les pria de

s'en retourner dans leurs maisons. Puis, couvert d'un cilice, couché sur la cendre, il reçut le Saint Viatique, et rendit de bon cœur son âme à Celui qui la lui avait donné. (475.)

On invoque St. Amable particulièrement contre les incendies, et cette dévotion paraît très-ancienne. Nous lisons dans l'Epître Dédicatoire de sa première vie écrite en 1701 : " *Depuis plusieurs siè-* "*cles* on a vu ses précieuses reliques " éteindre le feu le plus violent. ... Ce " sont là les merveilles anciennes, et néanmoins ordinaires, de St. Amable."

Dans l'office de sa fête, composé en " 1575, nous voyons : (Hymne de Vêpres) " A la vue de ses saintes reliques, les " flammes s'éteignent.

(Hymne de Matines) : "Vous com- "mandez aux éléments, ils vous obéis- "sent. A votre voix la flamme est sans " force. Les feux violents et prêts à ravâ- " ger notre ville ont respecté vos ordres ; " on les a vus, plus d'une fois, avec éton- "nement, sentir la vertu de votre pré-

" sence, et devenus dociles, ils se sont
" amortis aussitôt que vous l'avez voulu."
— " La foudre même, prête à éclater, est
" forcée de céder à votre pouvoir et de
" vous obéir." (Collecte de la messe.)

" Lorsqu'une trop grande sécheresse, ou
" des pluies d'une trop longue durée, dé-
" solaient nos campagnes, vous avez déli-
" vré votre peuple de cette affliction où
" il gémissait sous la main de Dieu......
" car alors vous faites tomber la pluie du
" ciel, ou vous ramenez une agréable
" sérénité."

(Hymne de la IIde. leçon.) : " Vous
" êtes béni dans la ville, vous êtes béni
" dans les champs, et vos reliques sont
" pleines de bénédictions. V) Vous nous
" avez délivrés de la violence de la flam-
" me, dont nous étions environnés de tou-
" tes parts."

(Répons de la VIIème. Leçon.) " On
" portait sur les malades les mouchoirs
" et les tabliers qui avaient touché son
" sacré corps, et ils étaient guéris de
" leurs infirmités ..... et les malins esprits
" sortaient des corps qu'ils possédaient."

(Hymne de Laudes.) " Cette sainte
" poussière cachée sous nos autels rend

" efficacement la santé aux malades......
" elle chasse et fait fuir les bêtes furieu-
" ses ..... elle amortit la violence impé-
" tueuse des flammes."

(Collecte de la messe.) " Les fidèles re-
" connaissent la grande puissance que
" Dieu a donnée à son serviteur Amable
" contre les serpents et contre le feu, ces
" deux grands fléaux dont il punissait
" dans le désert la révolte continuelle du
" peuple Juif."

QUELQUES EXEMPLES DE LA PRO-
TECTION DE St. AMABLE

Guillaume VII persécutait Etienne,
évêque de Clermont, et le poursuivait
avec une armée formidable. Celui-ci, le
cœur percé de douleur, le visage prosterné
contre terre, répandait des torrents de
larmes, il implorait de toute l'ardeur de
son cœur le secours du grand serviteur de
Dieu Amable. " J'ai déjà ressenti plu-
" sieurs fois les effets de votre puissante
" protection, (disait-il), vous ne me l'a-
' vez jamais refusée...... vous n'êtes pas
" moins puissant aujourd'hui qu'autre-
" fois pour me délivrer de l'extrémité où

"je me trouve. J'espère que vous m'ac-
"corderez cette grâce, par le grand
"pouvoir que vous a communiqué Notre-
"Seigneur Jésus-Christ." A peine eut-il
achevé cette prière que deux courriers
arrivèrent en toute hâte, et lui firent le
récit suivant :

"Mgr., aucun des vôtres n'a péri. Les
"ennemis ont avoué eux-mêmes que tous
"les traits qu'ils décochaient portaient à
"faux, et qu'ils se sentaient comme liés
"par un pouvoir invisible. Un moment
"nous nous crûmes perdus sans ressour-
"ces. Le feu, que nous avions allumé
"pour fermer passage aux assiégeants,
"poussé tout-à-coup par un vent furieux,
"se dirigea de notre côté et menaça de
"tout détruire. Les ennemis poussaient
"des cris de joie, s'applaudissant de ce
"que les flammes leur ouvraient un pas-
"sage pour entrer dans le palais. Dans
"cette extrémité nous implorâmes notre
"saint protecteur. Un prêtre alla prendre
"dans l'église la relique de St. Amable
"et l'opposa à l'impétuosité des flammes.
"Aussitôt le feu tourna toute sa furie
"contre les assiégeants, malgré le vent
"contraire ; la plupart furent consumés

" par les flammes, les autres durent pren-
" dre la fuite." (1060)

Dans la ville de Lyon, sur les 2 heures
du matin, le feu prit par accident dans
une boutique où il y avait beaucoup de
matières combustibles. Grand nombre
de personnes accoururent pour porter
secours ; mais le vent était si fort qu'il
n'y eut pas moyen de maitriser l'incendie,
et un quartier considérable de la ville
menaçait ruine complète. Dans un si
grand désastre, où le mal était sans re-
mède, quelques personnes dévotes sachant
qu'un bourgeois de la ville avait du suaire où le corps de St. Amable avait été en-
veloppé, allèrent frapper à sa porte, le
conjurèrent de se lever promptement et
d'apporter la sainte relique qu'il avait,
pour apaiser la fureur des flammes. Le
monsieur s'étant levé aussitôt, il prit ce
saint suaire,—il le porta avec beaucoup
de respect et de dévotion sur le lieu de
l'incendie, où, étant arrivé, il en coupa
une petite portion qu'il enveloppa dans
du papier, et qu'il donna à un jeune
homme, lequel voulut bien hasarder sa

vie en montant sur le premier plancher
pour le jeter en cet endroit où était la plus
grande violence du feu. A peine ce jeune
homme eut-il jeté ce morceau de linge,
tout sec et combustible, qu'on vit au
même instant ce torrent de feu et de
flammes le respecter, l'embrasement ces-
ser aussitôt, et s'éteindre si visiblement
qu'au lieu de ces cris lamentables dont
l'air retentissait auparavant, on n'enden-
dit retentir que des cris de joie par toute
la ville. Tout le peuple rendit à Dieu des
actions de grâces et on fit dire des mes-
ses en l'honneur du saint.

(7 décembre 1653.)

Le 9 juin 1699, entre 11 heures et mi-
nuit, temps auquel les Chartreux chantent
Matines, le feu prit par l'imprudence
d'un valet à un lit de la salle basse de
leur maison. Bientôt la flamme se com-
muniqua aux planchers, et sortant par les
fenêtres comme d'une fournaise, montait
par dehors jusqu'au toit du bâtiment.
Dans un si grand désastre, Dieu inspira
Dom Coadjuteur d'avoir recours à St.
Amable, et d'invoquer son saint nom. Il

avait sur lui DU RUBAN, qui avait été béni,
et avait touché ses reliques ; il le jeta
dans l'incendie,—et dans le moment, la
vertu de cette relique produisit un si
merveilleux effet que le feu s'éteignit
comme la flamme d'une chandelle que
l'on éteint par le souffle, dont il ne reste
que la mèche fumante.

Cet évènement miraculeux réveilla les
sentiments de reconnaissance dans le
cœur des bons Pères pour un pareil bien-
fait qu'ils avaient reçu, depuis quatre ou
cinq ans par l'intercession du même saint ;
car le feu ayant pris par accident à un
bois appartenant à la maison de la Chartreuse, Dom Procureur et Dom Coadjuteur
y étant accourus, accompagnés des do-
mestiques de la maison, ils se mirent tous
ensemble en devoir de couper le chemin
à la flamme ; mais ayant reconnu que
tous leurs efforts étaient rendus inutiles,
par la furie de la flamme poussée par la
violence du vent, et que tout ce pays de
bois, qui est de plus de deux lieues d'é-
tendue, était dans un péril évident d'une
destruction totale, sans qu'on pût par

aucun moyen arrêter la marche de la flamme, ces deux Religieux implorèrent le secours de St. Amable ; et s'étant transportés en diligence aux deux extrémités de l'incendie, chacun jeta de son côté dans le feu une portion du RUBAN BÉNIT, et qui avait touché ses sacrées reliques. Chose étonnante ! La flamme ne passa point outre, et fut aussi subitement arêtée en ces deux extrémités, comme si ces deux portions de ruban eussent été des barrières ou des torrents d'eau qui l'eussent empêchée de passer.

Le Père Prieur vint en cette ville, peu de jours après, célébrer la messe en l'honneur de St. Amable. Et, pour une plus ample reconnaissance, les Religieux statuérent, dans leur chapitre, de célébrer à l'avenir, tous les ans, une messe conventuelle de l'office de St. Amable.

Fait en la maison de la Chartreuse, à quatre lieues de Riom, le 12 juin 1700.

PRIÈRE A SAINT AMABLE

Grand Saint, nous vous supplions très-humblement d'employer en notre faveur votre puissant crédit auprès de Dieu. Vous délivrez les corps mortels de la puissance des démons ; éloignez de même ces malins esprits des âmes immortelles, afin qu'elles ne succombent à aucune tentation et qu'elles courent sans cesse dans la voie des commandements. Vous garantissez des flammes dévorantes les édifices matériels ; éteignez aussi dans les âmes, qui sont les temples du Saint-Esprit, toute ardeur impure et profane. Vous guérissez les corps de la morsure des serpents ; purgez les cœurs du fiel de la malice et du poison de l'envie.

Ce sera par votre secours, grand Saint Amable, que nous craindrons les serpents invisibles, qui sont les péchés, et que nous les éviterons. Ce sera par vos prières que nous foulerons aux pieds le Basilic de l'orgueil, le Lion de la colère, le Dragon de la volupté, et que nous trouverons notre véritable joie en DIEU SEUL, qui fait les chastes délices de ceux qui l'aiment.

Ainsi soit-il.

Lightning Source UK Ltd.
Milton Keynes UK
UKHW010635170119
335572UK00014B/1976/P